Luces

SOBREVIVO
Colección de poesía
Homenaje a Eunice Odio

Homage to Eunice Odio
Poetry Collection
FIRE'S JOURNEY

Marianela Tortós Albán

LUCES

Nueva York Poetry Press®

Nueva York Poetry Press LLC
128 Madison Avenue, Suite 2RN
New York, NY 10016, USA
+1(929)354-7778
nuevayork.poetrypress@gmail.com
www.nuevayorkpoetrypress.com

Turrialba Literaria Special Edition

Luces
© **2023 Marianela Tortós Albán**

ISBN-13: 978-1-958001-52-3

© Prologue:
Juana María Naranjo Zárate

© Blurb:
Hernán A. Isnardi

© FIRE'S JOURNEY COLLECTION vol. 3
Homage to Eunice Odio
Central American and Mexican Poetry

© Publisher & Editor-in-Chief:
Marisa Russo

© Editor:
Luis Rodríguez

© Cover Designer:
William Velásquez Vásquez

© Layout Designer:
Agustina Andrade

© Cover and Author's Photographer:
Hernán Rodríguez

Tortós Albán, Marianela
Luces / Mariana 1a edi-- New York: Nueva York Poetry Press, 2023, 106 pg. 5.25 x 8 inches.

1. Costa Rican Poetry 2. Central American Poetry. 3. Latin American Poetry.

A la vida.

PRÓLOGO

Así en un vuelo venturoso de un cielo diáfano, como abrir las alas para planear con materia de causa: nos adentramos en los nuevos poemas, para reconocer en ellos una muestra de la poesía que se está escribiendo en América Latina –afortunadamente—los poemas actuales los de este siglo; todo un suceso, sin duda. Y nos da pie una vez más, a la afirmación de que la palabra está viva. Aún en estos tiempos, donde ver nacer un libro de poemas, es todo un acontecimiento para el ámbito de lo literario.

Ya que el lenguaje de la poesía es único en su tipo: la máxima expresión donde las palabras hacen gala de las emociones más puras, tocando el más fino ardid de los significados. Abre también la compuerta de las interpretaciones como lectores surjan. Así la poesía está viva y siempre será en el instante de su lectura, otra tinta resplandeciendo en sus arteras y vitales palabras.

Luces, es el título del nuevo poemario de Marianela Tortós Albán. Título muy evocador- por cierto- y que atinadamente, alude al compendio de poemas que hoy nos presenta la poeta. Y el cual toca temas de la vida misma, en su cotidianeidad inmediata; acción que le otorga a los poemas, la virtud de nacer con la raíz poética de la existencia de una vivencia real. La poeta escribe porque vive: sufre, goza, sueña. Luego las palabras se adueñan de esos momentos de toda clase de emociones, y que desemboca en la ventura poética, lo que se traduce en magistrales poemas, para darle sentido a la vida misma.

Marianela Tortós, vive luego escribe; y nos regala con imágenes novedosas y nos sorprende, con vuelcos iluminados que se nos antojan botones de orquídeas del jardín de las palabras; y que renacen naturalmente, desde ese aliento nuevo de una poeta auténtica y de alto vuelo.

Nuestra poeta anima la materia prima poética, al darle vida al reloj: donde la prosopopeya tiene un lugar importante en el discurso poético de la autora; darle vida a la materia inanimada es sumar al mundo la magia que sólo la literatura y es capaz de dotar, dar alma a los objetos para que cobren vida. Este el caso de la segunda estrofa del poema titulado: En la Tarde.

> No siempre el reloj
> nos dice el sorbo azul
> que nos salve del abismo;

> por eso tomo y tomo
> la amargura adivinada de mis nombres.

Hace alusión al tiempo, pero es un tiempo en que de alguna manera se padece y donde la voz de la palabra se hace presente y viene a salvar al mundo, llega a salvarnos del abismo, de la catástrofe; y para lograr salvaguardarse, la poeta afina su sentido transformador y la potestad de nombrar al mundo. Aquí cabría la idea de Octavio Paz, cuando dijo que la poesía es salvación.

El poemario está compuesto por cuarenta y cinco poemas en verso libre; donde igual la esperanza, la paz y la infancia, se nos presentan trascendidos en presencias y recuerdos, en vivencias puras de la realidad. Donde se establece esa especie de lente de aumento, de lente avizor en los recuerdos de la niña curiosa; la que abre sin duda, los universos de una visión más renovada, con el asombro a flor de piel. Donde la poeta mira para contemplar; siente, luego expresa. Y teje las urdimbres del alma y su entorno ya no será el mismo, porque se ve más enriquecido. Este es el caso de la poeta Marianela Tortós que, con su expresión viva, ilumina las palabras y nos entrega poemas vivenciales auténticos de una voz madura y expresiva.

En esta conquista expresiva de la autora, nos percatamos que es la comunicación con el mundo, la que mueve esa necesidad imperiosa por externar lo que siente y vive; pero, sobre todo, la comunicación con ella misma. Se trata de una poesía nacida de sonoridades, que se vinculan con una perfecta armonización de la palabra; el tipo de poesía para leerse en el silencio, en la intimidad del espíritu. Donde el silencio es el mayor cómplice de una comunicación fundamental y humana, desde las vivencias intimistas y sencillas. Es esta suerte de aventura expresiva, llevada a la experiencia del lenguaje lo que se vuelve poema. Así, la autora confirma el desarrollo intuitivo de una visionaria creativa en el vergel de la palabra, en el nombre de la poesía. Y apuesta por la vida más certera; aún en sus nostalgias y padeceres, para volverla más reflexiva. Donde se avoca al tipo de escritura de largo aliento; y así encontramos con claridad logradas imágenes, enmarcadas perfectamente en el linde de lo creativo y original. Así aparece el sentido de la muerte como algo cotidiano y natural, como lo muestra el poema: Ciclos

> Hoy la muerte se enredó en mi pelo.
> ¡La detesto cuando se sienta en la comisura del
> labio
> y sonríe!...

En "Convocatoria" la poeta reivindica la naturaleza con la esperanza enamorada de la vida. Y se aferra al amor.

> La vida es la semilla de tu corazón.
> El camino dicta este instante de amor
> en tu lucha de árboles…

Luego la poeta se asume como tal, en su vertiente de vida y así lo expresa:

> Cada átomo que arrojo al mundo
> ha sido desde tu nombre.
> Hoy camino por tus poros
> nuevamente
> y por la infinita gracia de tu niebla
> que entibia mi felinidad de poeta…

JUANA MARÍA NARANJO ZÁRATE

I

Luces

ACEPTACIONES

Que soy un arcoíris,
me dijiste suavecito, amiga,
como para que el sonido
se fijara poderoso en cada célula.

Que invento todos los colores,
me dijiste,
para escribir esta biblia de mis días,
llevando a cuestas apóstoles de sol
como rosas regaladas por la brisa.

Y entonces yo
que he conocido arcoíris completos
y arcoíris incompletos,
yo que he bailado bajo los colores
de algunos salmos destrozados,
yo que he brillado alocada
en los atardeceres de la vida,
reconozco que al final de mí misma
está el tesoro que me cuentas,
amiga mía.

CICLOS

Hoy la muerte se enredó en mi pelo.

¡La detesto cuando se sienta en la comisura del
          labio
y sonríe!

Trato de tener buena relación
pero siempre termina sacando su pañuelo añejo
de incertidumbre,
y lloro… lloro por la ausencia
que sé que no es ausencia,
pero mata la alegría.

Le he dicho varias veces
que vaya a detener sus cosas al lote baldío que
          no veo,
¡ah!, pero sigue viniendo y viniendo
como hace tres años,
y como hoy,
y a mí me entra el frío como gotera inagotable
en la herida de tierra que inevitablemente soy.

COITO MÍSTICO

Aquí estoy… azulmente desnuda…

Tómame absoluta,
piel en blanco,
verso abierto.

Amante mía…
la de siempre,
la latente en mí desde antes del antes.

Cada átomo que arrojo al mundo
ha sido desde tu nombre.

Hoy camino por tus poros
nuevamente
y por la infinita gracia de tu niebla
que entibia mi felinidad de poeta.

Cada sombra es la luz de tu sudor
haciéndose palabra en mi silencio.

Y te amo…
te amo amante furibunda.

Aquí vengo a que eleves mi aliento,
a que me tomes hasta destrozar
el pensamiento del mundo que enloquece.

Aquí vengo a adormecerme
en tus piernas que son mis columnas
desbordadas en la humedad de mi alma.

Tómame absoluta,
    piel en blanco,
        verso abierto…
tómame siempre, Poesía de mi vida.

CAMINO A LOS SUEÑOS

Cuando se camina hacia el agua
-como siempre voy sobre la arena-,
se empieza a amar el respiro
de cada remolino que se sueña.

Es difícil suicidar el verde
que sangra de la orilla del poema
cuando explotan las piedras
en las nubes del tiempo.

¡Y se camina como para gritar la vida!

Sé que también has tenido el mar
golpeando sus caracolas
detrás de los ojos
como a mí la sal me ha corroído el aire.

¡Ah, pero qué alto el universo
de mis velas cuando alcanzan
el canto del camino!…
esta abisal sonrisa multiplica el horizonte.

DESDE LOS POETAS

Los poetas de luz… saben…
del poder de floración que
habita la mirada.
MILENA CHAVES MATAMOROS

La hoja en blanco hace su recorrido de versos
desde el camino cóncavo en tus brazos.
Hay luces y epicentros destellando
algarabías siempre desde la tinta
en alta transmutación de los latidos.
Si eres poeta en todos los costados de la luz
has de desangrar el polen en los ojos,
y germinará el poema y la vida
y todo iniciará después de la sombra.

DESESPERACIÓN

A propósito de la huelga por no pago a los educadores.
Mayo 2014, Costa Rica

¿Y cómo quieren que corra la cobija
si este país se me está desbordando
al filo del dolor?

¡No tengo el billete para abanicar el día
del hambre de mi hijo…
y yo di el sudor y el paso y el verso!

Me cortaron las uñas
y estoy sangrando…
basta hoy,
basta,
basta…

Que los grillos en el culantro
me hablen en sueños
y me dibujen un mapa
de esperanza nueva.

DIOS OCULTO

La poesía no existe.

¡La poesía no existe!

Si existiera,
no sería yo este acopio de fracasos
en cada sonrisa que le invento al día.

Es tan solo el dios siempre oculto
en los universos que amo y presiento
pero solo presiento y amo
sin el desgarro amortiguante del abrazo.

No existe…
corran la voz en las madrugadas
para que ya no se parta en llagas el silencio.

Que lo sepan los jardines,
las luchas, el ojo enamorado,
los gatos, cualquier cristo inerte,
todos, que los sepan todos…
que nadie suponga la esperanza o el amor en la
        palabra.

¡Yo creí en el engaño injertado en mi sangre
          desde niña!
Pero no… no hay dioses,
no hay poesía
no hay amor,
no hay salida.

EL ÚLTIMO POEMA DE MI VIDA

Tenía temor de escribir este poema
porque con él quizá cerraría
la dicha de este tiempo.

Pero tuve más temor de no escribir
e irme a dormir sin hacerle el amor
a un verso último de hastío.

He hecho todos los hechizos,
mas la alquimia misma
consumió mi fuerza.

Ya no estoy ni en el revés de mi sombra
y vivo aguijoneada en todos los costados,
moribundeando en las calles
y cayendo en cada caño del olvido.

La vida no fue fácil,
y esto es un lugar común
que asfixia cada noche como esta
en que los cerrojos mueren.

Yo no fui fácil,
siempre abusé de la perfección
en los versos que tejí y tejí
como una loca amarrada a la locura.

Nada... nada se dio fácil
en el aluvión gris de mis abriles.

Por eso, antes de dormir,
hoy dejo parido este poema
con el último suicidio de mi vida.

EN LA TARDE

El café enmudeció la tarde
desde el humo inequívoco de su sabiduría.
Y yo solo incliné mi vida
al ritual demoledor de sus centurias.

No siempre el reloj
nos dice el sorbo azul
que nos salve del abismo;
por eso tomo y tomo
la amargura adivinada de mis nombres.

Se abre la ventana
y el aroma florece
en las esquinas de la tarde;
y es que la tarde
permanece tibia
aún después del soliloquio
de estos versos y mi historia.

ESFUERZOS DE UNA CAMISA

Imagino que tenías una camisa
con el sudor palpitando
en cada uno de tus hijos.

Imagino que eras tan padre de ellos
desde los colores aguacero
que dejabas al lado de la calle,
siempre que cargabas sus sueños
hasta la vida sin neblina de sus ojos.

Imagino el milagro brotando de sus mangas
con piedad ilímite de naranja,
tan fugaz y tan violenta,
apenas tus manos abriendo piedras
antes que sus girasoles en el camino.

Imagino que en los agostos
amanecía sonriendo tu camisa...
era otro año,
otra lucha por cada uno de ellos,
otra ruta para tomarles la mano
y respirar.

Te veo ahora:
más padre que antes del universo,
y me inclino.

No hay reverencia o lágrima
que alcance la seda que aún no acaba de
    cubrirte.

EXPECTATIVA DE CENIZA

Vengo a danzarte hermano,
Turrialba despierto,
vengo a cantarte los potreros de mi madre
cuando crecía
abriendo la flor de sus milagros,
temerosa de cada neblina
y cada sombra del abuelo.

Vengo a susurrarte
el hambre de la vaca
y de la familia de sus dueños
si abres más tu furia
al azul de nuestra abisal mirada.

Casi te ruego
-como a un dios amado-
sin proponer ningún trato,
con esta humildad compartida
del Universo en las venas.

Te pido el abrazo
y que por amor,
por compasión acaso,
Turrialba nuestro...
deja a la paz brotando
entre tus hermanos.

HOMBRE DESCONOCIDO CAMINANDO

Es día de tormentas...
tantas tormentas;
y él camina su asombro...
por la copa de los árboles
que los pájaros inventaron
para descansar sus alas.

Los torrentes lavan su frente
y lo dejan insomne
como un girasol demacrado
en el invierno oculto de la noche.

Cuando trato de acariciar
su chacra aun en espiral batiente,
el universo colapsa
y reconstruye las estrellas
que crecen en los confines de sus ojos.

IRREVERENCIAS DEL POEMA

Parto en pedacitos este poema.

Cual hostia de mí misma...
te lo entrego...
resucitada por siempre y para siempre.
Permite a este poema
llenarte y completarte.

Deja a tu universo
descansar en sus palabras
y crezcamos juntos
en su raíz indescifrable.

Yo vivo en él
y ahora vivirás conmigo
desde su sangre por los siglos.

Abre tu vientre, hermano,
vamos a crear juntos el Amor
desde los versos.

LA CASA

Para Hernán Rodríguez,
quien es ahora mi hogar.

Esta casa
    es el mundo enorme
        de mis luces.

Estrellas diluidas en mis poros
son las ventanas altísimas
de los silencios en cada planta anochecida.
Y yo voy siendo el polvo
sobre el mueble que finge ser antiguo
pero que se burla de la inocencia
que exudo en cada milagro de mis manos.

No me importa el sueldo inútil
que agota la billetera de los meses;
seguiré amando estas paredes de cuarzo
que se amalgamaron a mis sueños;
seguiré sembrando las hortensias
ayer y siempre en los amaneceres;
porque aquí estoy floreciendo el odio
de todo lo amado y desamado,
como ángeles solitarios de versos,
como criaturas de humo y mudas
de tanto gozo.

¡Que se desplome el techo ocre
porque no importa que el cielo
nos cobije a mí y a mi gata
igual de asustada en los aguaceros!
Ya el frío es parte de cada orilla de la vida.
Ya la calle asusta menos en su vicio de
       soledades.
Las sombras se mueren en las grietas
del ocaso marino que abusa al horizonte.
Esta casa es mi corazón
volcado al abrazo de las piedras.

Y es que esta casa
es ya la huida de todas las palabras,
la enciclopedia de todos los milagros
de este círculo que me he vuelto
congregando todas las luces
y asombros
y caminos.

Esta casa... esta casa va siendo
mi tropel de mundo
abriendo mis misterios.

LUGARES SEGUROS

Una casa celeste
es una caricia de la memoria.

No sé por qué,
porque nunca viví en alguna,
pero se me hace la calidez
de la mano de mi padre
acariciando mis sueños
que recién germinaban.

Una casa celeste
huele a cafecito
desde la cocina de una madre
celeste también hasta sus manos.

¿Será quizá
que se desdibuja el cielo
de su umbral a la paz del silencio?

¿Será quizá
que abre zaguanes
como horizontes de vida
que aún en feto gatean a la luz?

No lo sé
y la memoria no me trae
a ninguna casa celeste de antes,

solo empieza a crecer
esta suavidad en la piel
como si una leche tibiecita
calentara mi lecho
y me volviera niña.

MEDALLA DE AMOR

Nosotros los hombres.
JORGE DEBRAVO

Hablemos de la paz
alrededor de esta gota de sangre
que ningún dios nos regaló.

Que cada parque del mundo
grite las semillas arremolinadas en sus bancos
        de espera,
que cada sonrisa sea la bandera,
que cada abrazo sea el camino,
que cada mirada compasiva sea el idioma,
que cada asombro sea el surco.

Yo quiero una medalla de amor
recorriendo el ADN
para mí
y para Laura
y para Jose,
para mi barrio con techos de ala,
para mis ojos de ceniza y auroras.

Vamos a limpiar la inaudita gramática
de la tiranía en cada esquina del país de al lado,

de mi país de sueños,
de tu país de ausencias.

Que esta tierra y esta paz
de "Nosotros los hombres"
sea nuestra, nuestra,
como esta sangre infinita del hombre.

MI LUZ

Pasó esto:
llegó la noche y me encontró desnuda.

A prisa fui a recoger
todas las estrellas
que su silbato derramaba
en la cola fortuita de los días,
y se me colgó la luz
como el prendedor de Margarita...
pero a mí nadie me hará regresarlo
porque ya es mío;
mía es esta luz que gané en la búsqueda.

NUEVA ERA

La guerra es la lágrima
que no corre en mi mejilla.
Es más bien la furia
de la sangre hecha lágrima:
desesperanza abierta de mi raza.

Sembraron la piedra
y, desde entonces,
morí en el ojo roto
de todos los nombres caídos.

Pero llega el violeta
a esta sombra ilusoria
y ya seremos camino.
El niño sabrá su nombre azul
y no será jamás ya
la incomprensión del desaliento.

Porque dijimos religión
y fue la bofetada
más lenta a nuestro cáliz.

Ahora diremos religión
y religaremos la beligerancia pulsante
de lo que Nosotros Somos.

Amén.

ORFANDAD KÁRMICA

Soy huérfana.
No tengo poetas favoritos:
me gusta lo que escribo
y mañana lo borro
tirando tanto azul como puedo
al fondo del olvido.

Me gusta lo que escribo
cuando es tan niño
repleto de neblina y magia como Albán,
cuando es tan beligerante herramienta
como Debravo y su aguacero de amor.

Pero no,
no tengo poetas favoritos.

Estoy llena de ego e ignorancia
como el universo que es todo
y es nada en sus hoyos negros
que no existen en mis ojos.

¡He de estar muerta en mi palabra!
Cada poeta que no enumero
en mi altivo poema
seguro me asustará
en las noches de locura entre mis versos;

seguro vendrán todos juntos un día
y me sacarán los ojos con la punta de su ego...
y yo, orgullosa siempre y leyendo solo mi
          palabra,
volaré viva,
viva como esta carcajada diaria
de mi orfandad latente.

ORQUÍDEAS MADURANDO

Eras pequeñita...
pequeñita y alegre
como era yo de niña.

Corrías despreocupada por las calles
con los brazos al viento,
y soñabas alcanzar Europas
como mandarinas izadas en mis ojos.

Ya yo te quería
como a una hija que sonreía cascadas.

Eras tan guaria inocente,
tan perpendicular batalla sobre el mundo,
que desde entonces olías a viento
arrasando la vida para firmar la hazaña.

Construías y amalgamabas tu historia
en pantalones blancos como tu alma.

Eres enorme como este poema
que me crece en el canto
desde que eras pequeñita,
pequeñita y alegre
como era yo de niña...
y yo ya te quería de ida y vuelta,
Costa Rica mía.

PARA LA PRÓXIMA

Solo una vez subí al tren
y desde allí vi tanto la vida que surgía
que me asusté y no subí nunca más,
no sé bien si para no sufrir la sangre
de los que viven a lo largo del camino
o más bien si para que el ocaso
no borrara de mis ojos el tiempo de la ruta.

Cuando vuelva a subir al tren
llevaré un abrigo grueso
y un cojín verde relleno de sonrisas,
poca comida
y algún cuaderno por si se antoja la poesía.

PUERTA

Amo a esta puerta
que cuelga de mi sangre.

Por ella corre el ADN de mi madre
desde la mano artesanal de mi hermano
que corría en los días de mi infancia
y de su infancia de nubes tras el mundo.

Amo toda su madera
reutilizada en el amor
para el amor de su futuro,
subiendo en la sencillez del verde
tatuado en la sonrisa de sus hijos.

La amo;
me cubre de alianzas
que acuné cuando el sol aún
nos crecía en su savia
a mi hermano y su fortaleza de niño surgiendo
       al amor
y a mí que mis caminos se empolvaban apenas.

La amo,
como amo esta decisión ferviente
de mantenernos abiertos detrás de ella misma,

en la confidencia atemporal de nuestras
        distancias.

Sí, amo a esta puerta
por todos los horizontes,
por todas las partidas y llegadas
y por todos los abrazos inefables
que cuelgan en verde de su textura.

Venganza del amor

La semana empieza con esta marcha
de sol entre las venas.

Es costumbre del poeta
rasgar el día hasta morir de pie
como una bandera
que nadie iza más que el cosmos.

Es costumbre del poeta
ser todos los mares silentes
que encienden la savia
y la venganza del amor.

Yo soy este poeta.

Yo subo a diario
el peldaño del salino verso.

Yo levanto esta semana
con mi nombre
y con el nombre del camino.

El poeta sostiene esta semana
y yo cuelgo de su verso.

VIAJE A CASA

Siempre viajo a mi casa
a descansar la vida.
Tengo tantos soles
acumulados en mi colección
de días que son aún pocos;
tengo tantos árboles
a punto siempre
de florecer en el azul de mi mirada;
tantos, tantos animalitos
brincando cimas de neblina...
y tengo el amplio abrazo de mi casa
y vuelvo apacible a mí misma
después de cada obtusa oscuridad
para alcanzar mi universo
inmaculado en estrellas.

VOCACIÓN DE HERMANO

Tu sonrisa me incluye
e incluye el universo que me abres
cuando llegas dispuesto al abrazo, amigo.

Yo caería a un basurero de silencio
si el amplio brochazo de tu gesto
no arrasara mis caminos y mis sombras.

Te digo que el cielo tiene un color menos azul
que la nube infinitamente blanca
prendida en tu necesarísima presencia.

Amigo, el universo inicia para mí
cuando te acercas con esa vocación de
      hermano
y fluyes por mi alegría hasta siempre.

YA PARA SIEMPRE LA MAGIA

Yo tuve un colchón de paja...
y en mi colchón fui brizna
que subía a todos los asombros,
tan leve hacia el ojo beligerante de la vida.
Tuve también una casa
que daba a los naranjales
de·mis mejillas chorreadas
de sudor y polvo de niña campana.
Fue como en Tucurrique o Murcia
-no recuerdo porque la memoria es una
que bajé volando hasta los ríos
más azules de una infancia mágica.
Aún hoy al suspirar
huelo la paja amontonada
como sonrisas inmerecidas
que brillan en la madrugada.

VAIVENES

No eres el mar.
Vas y vienes como yo
en las sales de los días;
pero no,
no eres más que mi nombre,
una ola tremenda que me ciega,
un revolcón de vida envuelto en vida
como un suspiro inalienable.

No eres el mar.
Eres mi sangre ondulada
hacia la arena del viento,
caracola bulliciosa
que en espiral me revienta.

No eres el mar,
Hermano Mar,
eres mi piel de madrugada,
mis días recurrentes
que alcanzan las diminutas ráfagas
de mis ojos para siempre.

REGRESOS

Para todas las bicicletas con alas.

Volveré a tener una bicicleta
para volar por el potrero nuevamente.

Esta tendrá el freno del silencio
para alejarme rápido a la brisa de la tarde.

Debería usar casco
pero quiero enredarme el pelo
en las ramas de la vida
y dejar que el sol destiña
hasta quedar en canas cada noche.

Voy a cerrar los ojos también
y pedalear y pedalear
hasta explotar el corazón de tanto polvo.

Voy a gritar al paso de las mariposas
y en cada casa del barrio
tiraré un poema pequeño
que disimule la vida y su camino,
que me diga y me desdiga (porque eso
            me gusta)
y que incendie de perfume los umbrales.

Volveré a tener mi bicicleta roja…
y esta vez
-lo juro por mi llanto
          y mis ausencias-
no dejaré que nadie me la robe.

SIN ABRIGOS

¿Cómo caer a la noche
si la noche tiene los ojos abiertos al miedo?

¿Cómo caer al amor
si es una estrella rota en los ayeres?

Este día es una bufanda
que corrió a recordar el frío
en la latitud de los poros de mundo.

Hay sangre danzando en las casas
que se quedan sin el grito del niño.

Hay puñales rompiendo la vagina
y el futuro de la esperanza,
como si al ser humano
le sobraran los abrigos
para revertir el dolor...

Queda uno suspendido en la noche.

Queda uno tratando de mamar del amor.

¡Pero no!

La cuchilla baila y baila
su mueca de frío entre el abrazo.
Y quedamos,
casi todos,
temblando,
boquiabiertos en el espanto.

TRASCENDENTALISMO POÉTICO

A cada soñador que sueña con sus versos
como si fueran únicos asteroides en el Cosmos.

"Acartonada" tu mente disquepueta...
si para trascender le digo al hermano
solo hermano...
y no le abrazo más allá de su sangre,
si para que me sientas
solo te traigo una cerveza desterrada de la
        lluvia...
sería tan lugar común
en cada esquina de la vida.
Yo soy poeta, hermano,
desde el verso diferente
que deja la palabra abierta
para que entres lleno de barro,
como somos,
y amalgames tu experiencia
con mi sudor y mi furia,
con mi sorpresa y conciencia.
Yo soy acartonada sobre este mundo.
Yo soy poeta del asombro hacia mí misma.
Igual amo tu brisa en prosa
que conmueve el paso.

Igual no cuelgo la vandálica etiqueta
de ponerte el alma en negativo.
Me gusta o no me gusta
que la moto de mi héroe
te moleste entre tus comas;
pero no apunto indolente a tu llanto,
no, hermano...
a ambos nos motiva nuestra esencia.

II

Filiales

AMULETO DE ALEGRÍA

La magia descendió
al girón insospechado en tu sonrisa.

Te esperaban el abrazo,
la pelota encendida en el jardín,
los abuelos infinitos de misterios,
la mascota y su absoluta compañía,
tanta y tanta estrella sometida a tu asombro…

Y yo te esperaba con el temor
de alguna ausencia injustificable;
porque te me hacías inmenso e insondable,
pequeño sobrino,
como decir mágico amuleto de alegría.

CÓMO, ENFERMA, SEMBRAR GIRASOLES EN LA NOCHE

A mi hermana Georgina.
La noche sí termina, hermana mía.

Siempre tiene alas de olvido
y deja abierta la luz para la siembra.

Es la certeza de cada ocaso
amarillento en desmemorias;
la silente e inefable caravana
de amaneceres destinados.

Durante la noche
es vital cargar semillas abiertas
y poblar todas las eras
como rozando el labio al Universo.

Cuando el cuerpo enfermo
parte la sonrisa en un olvido,
se debe recoger cada estrella
y hacerla germinar en girasol.

No es interminable la noche nunca,
hermana mía,
hermana siempre,
hermana.
La noche acaba su sonido,
y quedan destellando girasoles.

CONVOCATORIA

La vida es la semilla de tu corazón.

El camino dicta este instante de amor
en tu lucha de árboles.
Esta fuerza que late en la raíz creciente
de los pasos nuestros.

Nos dijeron tu nombre
y vinimos derramados de asombro
a tu convocatoria,
perfecta Maripaz de luz.

Porque así recordamos todos
las palabras del Maestro
a la orilla de nuestro nacimiento:
"éstos y mayores milagros haréis".

Aquí estamos gestando tu latido
en beligerantes frutos abiertos
cuando convocas
al amor desde el amor,

con todos los prodigios del silencio,
con todos los verdes formados al azul,
con toda la luz sangrando la sonrisa.

La vida es la semilla de tu corazón.

Dulzuras de la vida

Aquí te traigo,
amiga mía del abrazo,
mi niñez encendida
en todas las dulzuras
y todos los asombros,
chorreando amarillos
por los cachetes
desentendidos de la vida.

Ayer esta manga
me regaló la sonrisa
que hoy tintinea también
en la comisura amada
de tu día sin hastío.

Volvamos a jugar,
amiga mía,
de acariciar la sombra
de su madre árbol
y a hacer la ronda ronda
del amor... dulce
como no debió dejar de ser
nunca;

sí,
dulce,
fibrosa
y jugosa
como ha debido
seguir siendo la vida.

EMBRIAGUECES

Sabés que este poema es para vos.

Sé que el licor culmina tu soledad
como amigo maldito de la noche.

Pero yo vengo llorando
a pedirte el hombro
para sembrar mi amor
en lugar de su sinrazón líquida.

No te abandones,
quédate aquí, mejor,
en el susurro cálido
de este cuarto de silencios
que soy cuando me buscas
al reverso del olvido.

No huyas más del llanto.
Déjame sorber contigo
las ausencias de la vida;
que yo también las sufro,
las sufro con la piedra sangrante
de este nombre sin el tuyo.

HOSTIA DE PIEL

A mis amigos.

Adoro subir por la roja
buganvilia de tu abrazo,
llegar al secuestro puntual
de tu espalda despejada:
autopista de cielo y esperanza.

Tu abrazo es el punto azul
donde respiro;
es la telúrica magia
de sostenerte cerca.

He llegado con toda la sed,
sin sonrisas en la alforja,
moribunda de versos en semilla...
y has venido entonces
iluminado de abrazo,
como el dios que hace el truco
más antiguo de la Tierra,
y me devuelves
-sin cobrar el centavo atardecido-,
me devuelves el amor
en pestañeos de piel imprescindibles.

Por eso siempre amaré tus brazos.
He de ser el monaguillo
que enciende el calor del roce
y la espuma transmutada
en el milagro de esta hostia
horneada en nuestra piel.

LA MONTAÑA

A Mami.

La vi elevar a la montaña
el verso inefable del color.

Subió desprovista de ausencia,
como si la ausencia poblara los árboles
de antorchas de lluvia.

Todos los verdes colmaron su paleta
como la niña azul que es ahora
y siempre en la neblina.

En la flor cercanísima de violetas
deliberadamente le crece la vida,
y sube más y más
la respiración palpitante del universo
en cada escalón abierto,
con todos sus lutos vestidos de blanco,
con todas sus luces teñidas de estrella.

La vi adornando la montaña
con pinceles de sombra y sonrisa.

Yo la veo y le cuento al mundo
que es posible su huerta de olores
regresando al verso primigenio;
le cuento al mundo
que desde la tierra cultiva en mis pasos
las semillas renombradas de luces
que borran las sombras arrebatadas al aire.

Correrá algún día la historia
de la mujer que pintó su nombre
en la montaña...
yo seré un libro de poemas entonces,
de poemas con sus colores brotando
en las raíces de mis ojos.

RENACER EN LLUVIA

Dedicado a Camila, quien hace media hora nació...
y llovía.

Esta es la lluvia
que siempre aterriza el llanto,
porque es más llanto
que cualquier mar
rompiendo la sal de los laberintos.

No te miento, hermano,
ábreme la piel
y encontrarás también la lluvia
como en tus ojos,
como en tus pasos...
todo tiene lluvia
y lluvia somos
hasta el incendio fecundo
en las generaciones.

Mis sobrinos son lloviznas;
mi madre es más tormenta que yo en el acanti-
lado;
mi padre fue lluvia
y lo olvidó en las esquinas de su nombre.

La bebé que grita su primer llanto
es huracán rompiendo el asombro.

Esta poeta de pocos versos
te recomienda esta lluvia
como medicamento mortal
para renacer hoy a la orilla del silencio.

RENACERES

Ya cumpliste los llantos, amor.

El eslabón rompió el candadito azul
que martirizaba el horizonte
en las tinieblas rotas de tu duda.

Ve a recorrer el potrero
hijo del volcán de mi infancia.

Ve a hacer nacer las estrellas
que caminaban en tus ojos y no veías.

Anda, amor, anda;
dibuja el agua corriendo siempre
y para siempre por tus poros.

Yo he esperado
esa sonrisa que escuché tintinear
desde tu ausencia pasajera
de ti mismo...
hoy se hace fuerte;
hoy que brotan los cristales
que dejaste madurar desde tu alcoba.

RESILIENCIAS

A Marianela Carvajal con mucho cariño.

A veces los días son una ventisca
que nos molesta en la sonrisa,
nos despeina,
nos borra el maquillaje
y nos deja transparentes
ante el dolor y la impotencia.

Quisiéramos quedarnos en casa
y que el amanecer se hiciera noche
antes de abrir el teclado.

Quisiéramos no llamarnos Marianela,
sino… vuelo o estrella
para no tener que teclear
y que el monitor te escupa
el nombre ya totalmente ausente
de la vida.

Pero la vida,
-ah, la vida y sus misterios-,
siempre tiene alas
que le crecen a todos
luego del infarto.

RESURRECCIÓN DE AMOR

A Laura Ramírez,
quien, desde su alegría de vida,
donó un riñón a su madre.

La madre no fue la madre;
fue el tronco hueco
de todas las ausencias;
un agosto egoísta
cada año alejado
en la orilla de una cama sin memoria.

La cuna de su brazo
no se alzó en su defensa
y ningún rocío
tuvo el rocío caminando
por el remolino de cabello
que adorna la sonrisa de Laura,
quien es hoy;
sin embargo,
el riñón de vida
en su madre desdibujada
desde antes en su mundo.

Y Laura es Laura para su madre;

la estación de aliento
en cada año que viene.

Porque aún el mundo pare hijas
que bailan la vida
con desmemoriado amor
de resurrecciones.

TIEMPO DETENIDO

A Luis Vallejos…
mi amigo, quien conoce ahora más que yo del silencio.
(confío en que nos veamos luego)

Se detuvo tu recuerdo
en un beso abstracto de preguntas.

La borrosa historia del abrazo
es una lágrima anónima
y furiosamente arrebatada
del dolor como semilla maldita
y sin cimiente en el alma.

Yo no estuve en tu sombra.

Yo no acomodé tu almohada
para repetirle hoy al viento
que fuiste fuerte y audaz
ante la exigencia
de su moneda de tiempo.

Yo no tomé tu mano
en la orilla de la cama
que te arrebató el paso lento
y la mirada olvidada.

Yo no estuve.

No detuve tu sangre
diluyéndose en la asfixia.

¡No fui nada… ni siquiera sonrisa!

Se detuvo tu recuerdo
en estas manos inútiles
detenidas también en el silencio.

ERES NADA, DIOS

*¡Porque no digo "Dios"
la gente se me ofende!

¿Y quién eres, Dios,
sino estas manos que me diste,
estas neuronas incansables
y este amanecer repleto de horizontes?

¿Por qué cuando te nombro Universo
o Fuerza
o Vida
escupen mi entusiasmo por amarte?

¿Por qué cuando te llamo Amigo
o Energía
o Todo
mutilan esta algarabía de nombrarte?

La palabra mala es no nombrarte
en mi ADN y el del mundo, Dios.

Cada metáfora que genera
la plenitud de tus abismos
me devuelve a la mónada irrepetible
y arrasadora de mí misma.

Ni Tú sin mí,
ni yo sin Ti.

Nada soy yo si no eres en mí.
Nada eres sin mí si no soy yo en ti.

Anunciamos a la naturaleza
nuestros nombres
para nombrarlo todo, Dios.

Eres estas manos,
neuronas y horizontes
que cada día amaneces...
sin tus nombres,
en silencio,
como nos comunicamos desde siempre.

Marianela Tortós Albán (San José, Costa Rica). Poeta, gestora cultural, secretaria técnica en Administración de Empresas, y Técnica en Salud y Seguridad Ocupacional de profesión.

Participó en siete ocasiones del Encuentro Mujeres Poetas en el País de las Nubes en Oaxaca, México.

Ha promovido y colaborado en la promoción de intercambios poéticos nacionales e internacionales, incluyendo el Encuentro Internacional "Poetisas en Paraíso" realizado en Paraíso de Cartago en julio de 1999, con la parti- cipación de poetas de siete países.

Ha participado en los talleres literarios Círculo de Poetas Costarricenses dirigido por el poeta Laureano Albán; Poiesis, dirigido por el poeta Ronald Bonilla; ha colaborado en el Comité Ejecutivo del Portal Literario Hojas sin Tiempo, dirigido por la poeta Leda García. Como emprendedora literaria ha gestionado y dirigido "Poesía en el Parque Quesada Casal" dentro del Movimiento Turrialba Literaria.

Sus poemas han sido publicados en variadas antologías y revistas de Costa Rica, México, Argentina, Brasil, Nicaragua y España.

En 2018 recibió el Galardón del Festival Grito de Mujer del Movimiento Mujeres Poetas Internacional, Sede Turrialba, Costa Rica, gestionado por Turrialba Literaria.

Publicaciones: *Cuadernillo de poemas, La llama triple y Árbol de tus manos. Mar de día – Mar de noche, Mas siempre Mar* (2016). Actualmente tiene algunos poemarios inéditos. En recopilación continua: *Las luces del camino: Mini-pensamientos de aprendizajes en la vida.*

ÍNDICE

LUCES

II.   Filiales

FIRE'S JOURNEY
TRÁNSITO DE FUEGO
Central American and Mexican
Poetry Collection
Homage to Eunice Odio (Costa Rica)

POETRY
COLLECTIONS

ADJOINING WALL
PARED CONTIGUA
Spaniard Poetry
Homage to María Victoria Atencia (Spain)

BARRACKS
CUARTEL
Poetry Awards
Homage to Clemencia Tariffa (Colombia)

CROSSING WATERS
CRUZANDO EL AGUA
Poetry in Translation (English to Spanish)
Homage to Sylvia Plath (United States)

DREAM EVE
VÍSPERA DEL SUEÑO
Hispanic American Poetry in USA
Homage to Aida Cartagena Portalatín (Dominican Republic)

FIRE'S JOURNEY
TRÁNSITO DE FUEGO
Central American and Mexican Poetry
Homage to Eunice Odio (Costa Rica)

INTO MY GARDEN
English Poetry
Homage to Emily Dickinson (United States)

I SURVIVE
SOBREVIVO
Social Poetry
Homage to Claribel Alegría (Nicaragua)

LIPS ON FIRE
LABIOS EN LLAMAS
Opera Prima
Homage to Lydia Dávila (Ecuador)

LIVE FIRE
VIVO FUEGO
Essential Ibero American Poetry
Homage to Concha Urquiza (Mexico)

FEVERISH MEMORY
MEMORIA DE LA FIEBRE
Feminist Poetry
Homage to Carilda Oliver Labra (Cuba)

REVERSE KINGDOM
REINO DEL REVÉS
Children's Poetry
Homage to María Elena Walsh (Argentina)

STONE OF MADNESS
PIEDRA DE LA LOCURA
Personal Anthologies
Homage to Julia de Burgos (Argentina)

TWENTY FURROWS
VEINTE SURCOS
Collective Works
Homage to Julia de Burgos (Puerto Rico)

VOICES PROJECT
PROYECTO VOCES
María Farazdel (Palitachi) (Dominican Republic)

WILD MUSEUM
MUSEO SALVAJE
Latino American Poetry
Homage to Olga Orozco (Argentina)

OTHER
COLLECTIONS

Fiction
INCENDIARY
INCENDIARIO
Homage to Beatriz Guido (Argentina)

Children's Fiction
KNITTING THE ROUND
TEJER LA RONDA
Homage to Gabriela Mistral (Chile)

Drama
MOVING
MUDANZA
Homage to Elena Garro (Mexico)

Essay
SOUTH
SUR
Homage to Victoria Ocampo (Argentina)

Non-Fiction/Other Discourses
BREAK-UP
DESARTICULACIONES
Homage to Sylvia Molloy (Argentina)

Para los que piensan, como Eunice Odio, que *no habrá, en estas líneas la longitud de una pupila sola,* este libro se terminó de imprimir en el mes de septiembre de 2023 en los Estados Unidos de América.